Das Ultimative
Nashornbuch
für Kids

100+ unglaubliche Fakten über
Nashörner, Fotos, Quiz und mehr

Jenny Kellett

Copyright © 2022 by Jenny Kellett

ISBN: 978-619-7695-34-2

Imprint: Bellanova Books

PAPERBACK

Nashörner: Das Ultimative Nashornbuch für Kids

www.bellanovabooks.com

Alle Rechte vorbehalten. Kein Teil dieses Buches darf ohne schriftliche Genehmigung des Autors in irgendeiner Form elektronisch oder mechanisch vervielfältigt werden, auch nicht durch Fotokopieren, Aufzeichnen oder Speichern und Abrufen von Informationen.

Inhalt

Einleitung	4
Grundlagen	7
Nashorn-Arten	14
Breitmaulnashorn	15
Spitzmaulnashorn	20
Panzernashorn	24
Java-Nashorn	28
Sumatra-Nashorn	32
Merkmale der Nashörner	34
Das tägliches Leben der Nashörner..	44
Geburt bis zum Erwachsenenalter ..	58
Schutz der Nashörner	68
Nashorn-Quiz	74
Antworten	78
Wortsuche	80
Kreuzworträtsel	82
Lösungen	84
Quellen	86

Einleitung

Das mächtige Nashorn ist eines der faszinierendsten Tiere der Welt. Seine enorme Größe, der gepanzerte Körper und die spitzen Hörner machen Nashörner zu einem beliebten Tier für Kinder und Erwachsene jeden Alters, doch seine Zukunft ist in Gefahr.

In diesem Buch erfährst du mehr über das tägliche Leben der Nashörner, ihre Arten, ihren Schutz und vieles mehr. Am Ende kannst du dich in unserem Nashorn-Quiz selbst testen.

Bist du bereit? *Los gehts!*

Grundlagen

Was sind Nashörner und wo leben sie?

Nashörner, auch **Rhinozerosse** genannt, streifen seit etwa 50 Millionen Jahren durch die Welt. Im Laufe der Jahre haben Nashörner viele verschiedene Formen angenommen - manche besitzen Hörner und manche haben keine. Heute gibt es fünf Arten von Nashörnern, die alle Hörner besitzen.

• • •

Das ausgestorbene **Wollnashorn** lebte vor etwa 5,3 Millionen bis 11.700 Jahren in Europa, Nordafrika und Asien. Es war riesig, hatte zwei Hörner und ein sehr wolliges Fell.

Nashörner gehören zur Familie der *Rhinocerotidae*. Innerhalb dieser Familie gibt es fünf Arten von Nashörnern, die wir uns später in diesem Buch ansehen werden.

...

Heute leben alle wilden Nashörner in Afrika oder Asien. Früher lebten sie aber auch in Europa und Nordamerika. Tatsächlich waren Nashörner die verbreitetsten großen Pflanzenfresser in Nordamerika, bis sie vor etwa fünf Millionen Jahren durch den Klimawandel ausgerottet wurden.

Ein Panzernashorn >

Nashörner sind **Unpaarhufer**. Das heißt, sie sind vierbeinige Säugetiere mit einer ungeraden Anzahl von Zehen. Damit fallen sie in dieselbe Kategorie wie Pferde, Zebras und Tapire.

...

Nashörner gehören zu einer Gruppe von Tieren, die **Megafauna** genannt wird. Zoologen verwenden dieses Wort, um über Tiere zu sprechen, die die größten in ihrem Ökosystem sind und normalerweise nicht viele Raubtiere haben. Andere Megafauna-Tiere sind Elefanten, Flusspferde und große Bisons.

Afrikanische Nashörner leben meist in Savannen und buschigen Gebieten, während asiatische Nashörner in tropischen Gebieten in Regenwäldern leben. Eines haben sie jedoch gemeinsam: Sie sind immer in der Nähe einer guten Schlammquelle zu finden!

...

Das Wort Rhinozeros kommt von zwei griechischen Wörtern: *rhino*, was Nase bedeutet und *ceros*, was Horn bedeutet.

...

Männliche Nashörner werden Bullen und weibliche Nashörner werden Kühe genannt. Junge Nashörner nennt man Kälber.

Eine Herde von Breitmaulnashörnern.

Eine Gruppe von Nashörnern nennt man eine **Herde**.

...

Der Plural von Nashorn ist Nashörner und der Plural von Rhinozeros lautet **Rhinozerosse**.

...

Nashörner haben ein langes Leben - in freier Wildbahn werden sie normalerweise 45-50 Jahre alt. In Gefangenschaft können sie sogar noch länger leben.

...

Das älteste **Sumatra-Nashorn** der Welt, Bina, lebt im Sumatra-Nashorn-Schutzgebiet. Sie ist 42 Jahre alt und sehr scheu.

Geografische Gebiete der fünf lebenden Nashorn-Arten

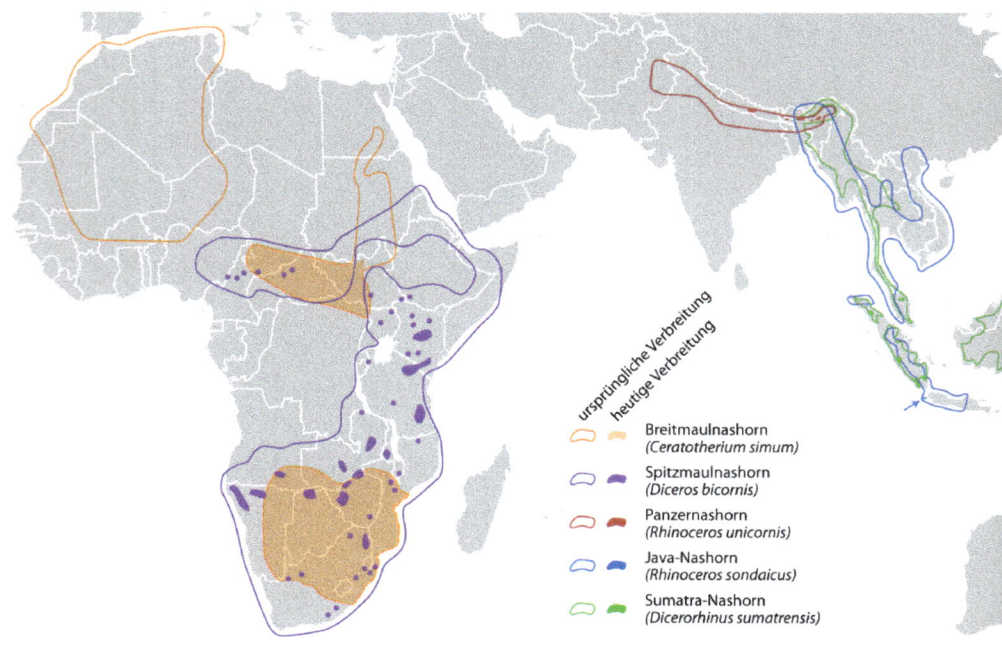

Urheberrechte © Christophe Cagé

Nashörner: Arten

Es gibt fünf Arten von Nashörnern - zwei leben in Afrika und die anderen drei in Asien.

Schauen wir uns die Unterschiede einmal genauer an. Danach kannst du versuchen, alle Arten auf den Fotos in diesem Buch zu erkennen.

Breitmaulnashorn
Ceratotherium simum

Breitmaulnashörner gehören zur größten Nashornart. Sie sind besonders gesellig und leben in Gruppen oder Herden von bis zu 14 anderen, meist weiblichen Tieren mit einem dominanten Männchen.

Es gibt zwei Unterarten - das **Südliche Breitmaulnashorn** und das **Nördliche Breitmaulnashorn**. Während es in der Wildnis noch viele Südliche Breitmaulnashörner gibt, ist das Nördliche Breitmaulnashorn leider stark gefährdet und könnte in der Wildnis sogar ausgestorben sein. Es gibt nur noch zwei weibliche Nördliche Breitmaulnashörner

Südliches Breitmaulnashorn.

in Gefangenschaft, Fatu und Najin, die
in Kenia leben. Das letzte bekannte
männliche Nördliche Breitmaulnashorn in
Gefangenschaft ist 2018 gestorben.

Breitmaulnashörner leben in Grasland und
Savannen in Afrika südlich der Sahara.

DAS ULTIMATIVE NASHORNBUCH

Nördliches Breitmaulnashorn.

Urheberrechte © Prosthetic Head @ Wikipedia

Etwa 98% der Breitmaulnashörner leben in Südafrika, Namibia, Simbabwe, Kenia und Uganda. Wie alle Nashörner lieben Breitmaulnashörner Wasser und Schlamm. Daher sieht man sie oft in einem großen Schlammloch, in dem sie sich abkühlen. Obwohl die gelegentlich verwendete Bezeichnung "Weißes Nashorn" etwas anderes vermuten lässt, sind Breitmaulnashörner nicht wirklich weiß! Es wird angenommen, dass ihr Name eine Fehlübersetzung des niederländischen Wortes "wijd" ist, was auf Englisch "breit" bedeutet, da die ersten Entdecker die Art nach ihrem riesigen, breiten Maul benannten. Ihr breites Maul macht es ihnen leicht, nah an den Boden zu kommen und Gras zu fressen.

Aber nicht nur ihre Mäuler sind riesig. Breitmaulnashörner sind unglaublich schwer - und nur knapp leichter als das größte Landsäugetier der Welt, der Elefant. Männliche Breitmaulnashörner wiegen rund 2.300 kg, während die Weibchen durchschnittlich 1.700 kg wiegen - das ist schwerer als ein Auto! Wenn du genau hinsiehst, kannst du auch einen Buckel auf dem Nacken erkennen, den andere Arten nicht haben.

Spitzmaulnashorn
Diceros bicornis

Spitzmaulnashörner sind im östlichen und südlichen Afrika heimisch und leben in Ländern wie Angola, Botswana, Kenia und Südafrika.

Obwohl es auch Schwarzes Nashorn genannt wird, ist das Spitzmaulnashorn in Wahrheit überhaupt nicht schwarz - seine Farbe variiert von braun bis grau. Der Name wurde einfach gewählt, um es vom Breitmaulnashorn zu unterscheiden, der einzigen anderen in Afrika lebenden Nashornart. Du kannst die beiden Nashörner an der Form ihrer Lippen unterscheiden

- das Spitzmaulnashorn hat eine spitze oder hakenförmige Lippe, während das Breitmaulnashorn eine viel breitere Lippe hat. Deshalb wird das Spitzmaulnashorn oft als Hakennashorn bezeichnet.

Es gibt acht Unterarten des Spitzmaulnashorns, von denen drei leider schon ausgestorben sind und eine sehr vom Aussterben bedroht ist - das Chobe-Nashorn. Die einzige Unterart, die nicht vom Aussterben bedroht ist, ist das Südwestliche Spitzmaulnashorn.

Spitzmaulnashörner sind kleiner als Breitmaulnashörner und haben zwei Hörner. Die hakenförmige Lippe des Spitzmaulnashorns hilft ihm, Blätter und Zweige, seine bevorzugte Nahrung, von den Bäumen zu greifen.

Panzernashorn
Rhinoceros unicornis

Das Panzernashorn, auch bekannt als **Indisches Panzernashorn** oder **Indisches Nashorn**, ist in Indien und Nepal heimisch. In der Vergangenheit lebte es in weiten Teilen Zentralasiens, einschließlich Myanmar und Südchina.

Von den als **gefährdet** eingestuften Indischen Nashörnern gibt es noch etwa 3.588 in freier Wildbahn und in Gefangenschaft. Fast 85 Prozent der Indischen Nashörner leben in Assam, einem Bundesstaat im Nordosten Indiens direkt unterhalb des Himalaya-Gebirges.

DAS ULTIMATIVE NASHORNBUCH

Ein Panzernashorn und ihr Kalb.

Indische Nashörner haben nur ein Horn. Sie sind nach dem Asiatischen Elefanten das zweitgrößte Landsäugetier Asiens und nach dem Breitmaulnashorn auch die zweitgrößte Nashornart. Ihre Haut ist dick und graubraun mit rosafarbenen Hautfalten und warzenartigen Beulen an den Schultern und Oberschenkeln.

Wie alle Nashörner sind sie Pflanzenfresser, die gerne grasen und gelegentlich auch Blätter und Wasserpflanzen fressen.

Java-Nashorn

Rhinoceros sondaicus

Das Java-Nashorn, auch bekannt als **Sunda-Nashorn** oder **Kleines Einhorn-Nashorn**, ist eine sehr seltene Nashornart, die auf der Insel Java in Indonesien lebt. Obwohl es dem Indischen Nashorn sehr ähnlich sieht, ist es kleiner und nur die erwachsenen Männchen haben ein Horn. Ihre Hörner sind die kleinsten aller Nashornarten und sie haben eine spitze Lippe.

Ein Java-Nashorn fotografiert in Vietnam. © WWF/CTNPCP/Mike Baltzer

Leider gibt es weniger als 100 Java-Nashörner in freier Wildbahn und keines in Gefangenschaft, was sie zum wahrscheinlich am stärksten gefährdeten Säugetier der Welt macht.

Der einzige Ort, an dem sie leben, ist der Ujung-Kulon-Nationalpark, ein Weltnaturerbe.

Sie sind Einzelgänger und leben in Tieflandregenwäldern und feuchtem Grasland. Da sie so selten sind und Wissenschaftler nicht riskieren wollen, sie zu stören, um sie zu studieren, ist nicht viel über sie bekannt.

Naturschutzgruppen arbeiten hart daran, die verbleibenden Java-Nashörner zu schützen. Jedoch sind sie mit Wilderern konfrontiert, die Java-Nashörner wegen ihrer Hörner töten, welche für bis zu 30.000 Dollar pro Kilogramm verkauft werden können - viel mehr als die der afrikanischen Nashörner.

Sumatra-Nashorn
Dicerorhinus sumatrensis

Das Sumatra-Nashorn, auch bekannt als Haarnashorn oder Asiatisches Breitmaulnashorn, ist eine weitere sehr seltene Nashornart - es gibt weniger als 80 Tiere in freier Wildbahn und etwa 10 in Gefangenschaft. Es ist die kleinste Nashornart und lebt in den hügeligen Teilen der Regenwälder auf den Inseln Sumatra und Borneo in Indonesien. In der Vergangenheit lebte es jedoch in vielen Teilen Asiens.

Das Sumatra-Nashorn ist das einzige asiatische Nashorn, das zwei Hörner hat, obwohl eines davon nur ein Stummel ist. Im Gegensatz zu den anderen Nashornarten hat das Sumatra-Nashorn eine dichte rotbraune Behaarung,

die seinen Körper bedeckt, und obwohl es ein Einzelgänger ist, ist es das lauteste aller Nashornarten.

Sumatra-Nashörner sind **Blattfresser**, das heißt, sie ernähren sich von Blättern. Sie fressen etwa 50 kg pro Tag, meist in der Morgendämmerung, und kühlen sich danach gerne durch Schlammbäder ab.

Merkmale der Nashörner

Größe, besondere Merkmale und mehr.

Nashörner haben ein schlechtes Sehvermögen - sie können weniger als 30 m vor sich sehen - aber sie haben ein erstaunliches Gehör und einen guten Geruchssinn. Das hilft ihnen dabei, sich fortzubewegen und Nahrung zu finden.

...

Nashörner haben je nach Art zwischen 24 und 34 Zähne. Afrikanische Nashörner haben keine Zähne im vorderen Teil ihres Mauls, stattdessen benutzen sie ihre Lippen, um ihre Nahrung zu rupfen.

Was glaubst du, was für ein Nashorn das ist? *Tipp: Es hat eine hakenförmige Lippe und keine Vorderzähne.*

Ein Breitmaulnashorn mit drei Vogelfreunden.

Das Horn des Nashorns besteht vollständig aus **Keratin** - der gleichen Substanz, aus der auch unsere Haare und Nägel bestehen.

• • •

Wenn das Horn eines Nashorns entfernt wird (meistens durch Wilderer), wächst es nie wieder nach. Das ist anders als beim Elefanten, dessen Stoßzähne nachwachsen.

• • •

Du wirst oft **Madenhacker-Vögel** sehen, die auf Nashörnern sitzen. Sie haben eine tolle Beziehung - die Parasiten auf den Nashörnern bieten den Vögeln Nahrung und die Vögel warnen die Nashörner, wenn Gefahr droht!

Obwohl Sumatra-Nashörner die kleinsten sind, sind sie trotzdem riesig - sie wiegen durchschnittlich 600 kg. Breitmaulnashörner können jedoch bis zu 3.500 kg wiegen - das ist mehr als das Gewicht von zwei Autos!

...

Javanische und Indische Nashörner haben nur ein Horn, während die anderen zwei haben. Die Hörner von Nashörnern hören nie auf zu wachsen, und das Horn eines Breitmaulnashorns kann jedes Jahr bis zu 7 cm wachsen!

Indische Nashörner gehen schwimmen.

Asiatische Nashörner sind gute Schwimmer und können Flüsse leicht überqueren. Afrikanische Nashörner hingegen sind schlechte Schwimmer und ertrinken, wenn sie in zu tiefes Wasser geraten.

Nashörner variieren stark in ihrer Größe - von 2,5 m Länge und 1,5 m Schulterhöhe beim Sumatra-Nashorn bis zu etwa 4 m Länge und fast 2 m Höhe beim Breitmaulnashorn.

• • •

Nashörner haben eine sehr dicke Haut, die an den Schultern und Oberschenkeln Falten bildet, die wie ein Panzer aussehen.

• • •

Nashörner haben sehr empfindliche Füße! Wenn sie laufen, verlagern sie den Großteil ihres Gewichts auf die Zehen, um die empfindliche Haut an der Unterseite ihrer Füße nicht zu verletzen.

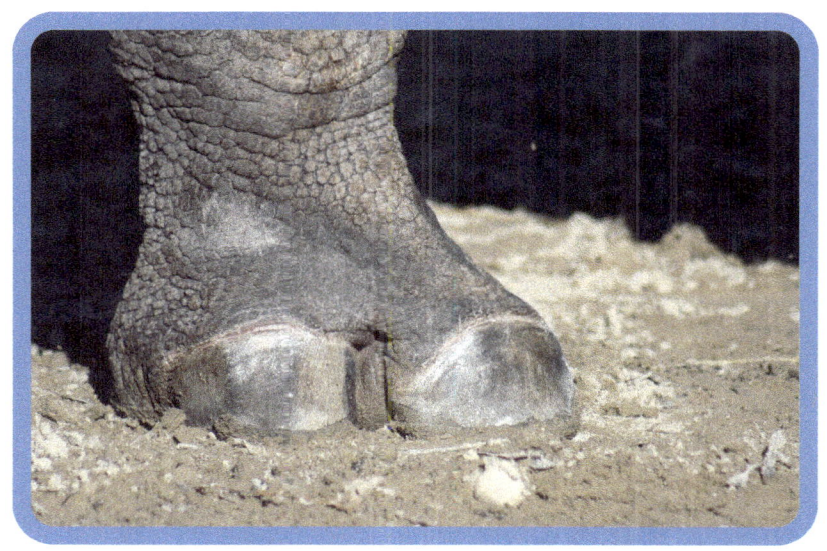

Alle Nashörner haben eine graue oder braune Farbe. Das Breitmaulnashorn weist in der Regel den hellsten Grauton auf.

...

Heute hat nur noch das Sumatra-Nashorn Haare (abgesehen von kleinen Büscheln an Schwanz und Ohren), aber das war nicht immer der Fall. Fossilien zeigen, dass alle Nashörner früher mit dichtem Haar bedeckt waren!

Ein Nashornkalb auf der Flucht.

Nashörner haben drei kurze Zehen, die mit breiten, stumpfen Nägeln versehen sind.

• • •

Für ihre Größe haben Nashörner kleine Gehirne. Sie sind nicht die klügsten Tiere, aber was ihnen an Intelligenz fehlt, machen sie durch ihre Größe wett, die sie vor Raubtieren schützt.

• • •

Nashörner sind schnell, wenn sie es wollen! Sie können mit einer Geschwindigkeit von bis zu 65 Kilometer pro Stunde schnell.

Das tägliche Leben der Nashörner

Was machen Nashörner den ganzen Tag?

Nashörner verbringen die meiste Zeit des Tages, vor allem wenn es sehr heiß ist, damit, sich im **Schlamm zu wälzen**. Das hält sie kühl, schützt sie vor Parasiten und Insekten und sorgt dafür, dass ihre Haut geschmeidig bleibt und nicht reißt. Der trockene Schlamm bietet außerdem Schutz vor der Sonne.

Nashörner *lieben* **Schlamm!**

Nashörner lassen sich in zwei verschiedene Ernährungsstile einteilen. Spitzmaul-, Java- und Sumatra-Nashörner ernähren sich von Blättern, Zweigen und Früchten, die sich oberhalb des Bodens befinden, während alle anderen (Weidegänger) niedrig liegendes Gras fressen.

...

Um ein Nashorn zu ernähren, braucht es eine Menge Pflanzen! Sie fressen bis zu 54 kg am Tag, um ihre großen Körper zu versorgen.

...

Die meisten Nashörner sind sehr territorial und können aggressiv werden, wenn andere Nashörner in ihren Revier kommen. Ihren Bereich sie mit Dung und Urin. Sie sind bekannt dafür Misthaufen zu bauen, die Middens genannt werden. Ihre Misthaufen können bis zu 20m im Durchmesser groß sein.

Ein Nashorn und sein Kalb in Südafrika.

Eine kleine Breitmaulnashornherde.

Nashornmännchen und Nashornweibchen teilen sich gegenseitig mit, wo sie sich aufhalten und ob sie bereit sind, sich zu paaren.

• • •

Spitz- und Breitmaulnashörner sind teilweise sozial, wobei die Männchen normalerweise lieber allein sind. Erwachsene Weibchen bleiben oft in Zweiergruppen, es sei denn, sie haben Junge.

• • •

Indische und Sumatra-Nashörner sind meist Einzelgänger, obwohl sich Weibchen und Jungtiere manchmal vorübergehend zusammenschließen.

Nashörner haben eine lustige Art zu kommunizieren. Sie benutzen Laute wie Hupen, Niesen und Schnauben, je nachdem, ob sie glücklich, ängstlich, wütend oder alarmiert sind. Wenn du den Laut "mmwonk" von einem Nashorn hörst, bedeutet das, dass es sehr glücklich ist!

· · ·

Nashörner nutzen, wie Elefanten und Giraffen, Infraschall-Frequenzen, die nur sie hören können.

Breitmaulnashörner leben in sozialen Gruppen von etwa 10 Nashörnern.

• • •

Nashörner meiden in der Regel Menschen, und es werden weniger als zwei Angriffe von Nashörnern auf Menschen pro Jahr berichtet.

• • •

Afrikanische Nashörner greifen einen Menschen eher an, wenn sie Gefahr wittern, während asiatische Nashörner sich wahrscheinlich nur verstecken würden.

Asiatische Nashörner kämpfen mit ihren Zähnen, nicht mit ihren Hörnern! Die Zähne eines Indischen Nashorns, die wie Stoßzähne aussehen, können bis zu 13 cm lang werden. Afrikanische Nashörner haben diese langen Zähne nicht und verlassen sich zur Verteidigung auf ihre Hörner.

• • •

Nashörner lieben es, ihren Urin herumzuspritzen. Männliche Indische Nashörner können ihren Urin sogar über eine Entfernung von fünf Meter versprühen. Zoowärter müssen daher besonders vorsichtig sein!

Ein männliches indisches Nashorn.

Die gefährlichsten Nashörner sind Mütter mit ihren Kälbern - du solltest ihnen nie zu nahe kommen, da die Mutter ihr Kind instinktiv schützen will.

...

Nashornfürze stinken so sehr, dass Bierbrauer den Geruch des Gärungsprozesses, bei dem stinkender Schwefel entsteht, "Nashornfurz" nennen.

Spitzmaulnashörner haben eine höhere Todesrate durch "tödliche Kämpfe" als jedes andere Säugetier auf der Welt. Etwa 50 % der männlichen und 30 % der weiblichen Tiere sterben an kampfbedingten Verletzungen.

· · ·

Nashörner schlafen etwa acht Stunden am Tag in Intervallen. Sie können im Stehen schlafen, was ihnen hilft, nach Raubtieren Ausschau zu halten, wenn sie aber einen tiefen Schlaf brauchen, müssen sie sich hinlegen.

Von der Geburt bis zum Erwachsensein

Baby-Nashörner gehören zu den süßesten der Tierwelt, also lasst uns mehr über das frühe Leben von Nashörnern erfahren.

Nashörner pflanzen sich nicht sehr oft fort. Sie beginnen damit erst, wenn sie relativ alt sind, was einer der Gründe dafür ist, dass ihre Zahl abnimmt.

• • •

Die [Trächtigkeitsdauer](#) (wie lange eine Schwangerschaft dauert) beträgt bei Nashörnern je nach Art zwischen 14 und 17 Monaten.

Ein Breitmaulnashorn-Kalb mit Mutter.

Ein Breitmaulnashorn-Kalb mit seiner Mutter.

Nashorn Kühe können ab einem Alter von etwa sechs Jahren Junge bekommen, während Bullen erst im Alter von sechs bis zehn Jahren mit der Paarung beginnen können.

• • •

Zwischen den Kälbern liegen in der Regel 2 - 4,5 Jahre, und im Laufe ihres Lebens bekommt eine Kuh durchschnittlich 14 Kälber.

• • •

Wie viele große Säugetiere bringen Nashörner normalerweise nur ein Kalb zur Welt. Zwillinge sind sehr selten.

Neugeborene Nashörner beginnen schon wenige Stunden nach der Geburt an zu laufen, sie sind aber noch ein paar Tage lang etwas wackelig auf den Beinen.

• • •

Es ist keine Überraschung, dass auch Nashornkälber ziemlich groß sind! Je nach Art wiegen sie bei der Geburt zwischen 20 und 64 kg.

• • •

Wie alle Säugetiere trinken Kälber Milch von ihren Müttern - in der Regel stündlich, wenn sie sehr jung sind, und alle 2,5 Stunden, wenn sie älter werden. Das machen sie, bis sie 18 Monate alt sind. Doch schon 10 Tage nach der Geburt probieren sie das erste Mal feste Nahrung aus.

Ein Breitmaulnashorn und sein Kalb.

Kälber bleiben bei ihren Müttern, bis sie etwa zwei bis vier Jahre alt sind.

• • •

Traurigerweise töten Tiger bis zu 20 % aller Indischen Nashornkälber. Sobald sie jedoch alte als ein Jahr alt sind, haben Nashörner keine nicht-menschlichen Fressfeinde mehr und ihre größte Bedrohung ist der Mensch.

< **Ein Spitzmaulnashorn-Kalb mit seiner Mutter in in Kenya.**

Eine Panzernashorn Mutter und ihr Kalb.

Schutz der Nashörner

Was wird getan, um die Zukunft der Nashörner zu schützen, und wie kannst du helfen?

Vor etwa 100 Jahren gab es noch über eine halbe Million Nashörner in freier Wildbahn - heute sind es **weniger als 30.000**. Die größte Bedrohung für Nashörner sind Wilderer. Wilderer sind Menschen, die Tiere für Geld töten. Wenn es um Nashörner geht, sind Wilderer meist hinter ihren Hörnern her, die für Tausende von Dollar verkauft werden können. Viele asiatische Kulturen glauben, dass die Hörner der Nashörner eine medizinische Wirkung haben. Dafür gibt es aber keine Beweise.

Ein Nashorn in Gefangenschaft.

Nach Angaben des WWF wurden in den letzten zehn Jahren über 7000 Nashörner von Wilderern wegen ihrer Hörner getötet. Die Wilderer werden immer raffinierter und setzen manchmal Hubschrauber ein, um Nashörner aufzuspüren und zu töten.

Leider sind alle fünf Nashornarten vom Aussterben bedroht und die Sumatra-, Java- und Spitzmaulnashörner sind **stark gefährdet**. Heute gibt es nur noch etwa 60 Java-Nashörner, weniger als 100 Sumatra-Nashörner und etwa 5500 Spitzmaulnashörner.

Zum Glück gibt es nicht nur schlechte Nachrichten! Dank der großartigen Arbeit von Naturschützern auf der ganzen Welt ist die Zahl der Spitz- und Breitmaulnashörner in den letzten Jahren gestiegen. Viele Nashörner wurden erfolgreich in Gefangenschaft gezüchtet und im Allgemeinen leben sie ein langes, glückliches Leben in gut geführten Zoos.

< **Ein Spitzmaulnashorn im Zoo in Chester, England.**

DAS ULTIMATIVE NASHORNBUCH

Wie kannst du helfen?

Es gibt viele Möglichkeiten, wie du dich für die Zukunft der Nashörner einsetzen kannst. Organisationen wie WWF, Save the Rhinos, The Rhino Orphanage, Rhino Force und die International Rhino Foundation, besitzen viele tolle Informationen auf ihren Webseiten.

Hier sind ein paar Möglichkeiten, wie du helfen kannst:

- **Adoptiere** oder übernehme eine Patenschaft für ein Nashorn;
- **Sammle** in deiner Gemeinde oder in der Schule Geld für Projekte zum Schutz der Nashörner;
- **Bitte an deinem Geburtstag** oder zu einem besonderen Anlass um Spenden für eine Nashornschutzorganisation in deinem Namen statt um Geschenke;
- **Teile Nachrichten** in deinen sozialen Medien und sprich mit deinen Freunden und deiner Familie über die Probleme der Nashörner.

Der Weltnashorntag wird jedes Jahr am **22. September** gefeiert und ist eine weitere gute Gelegenheit, das Bewusstsein für Nashörner zu schärfen.

Nashorn-Quiz

Teste jetzt dein Wissen in unserem Nashorn-Quiz! Antworten findest du auf Seite 78.

1. Kannst du die drei Arten der asiatischen Nashörner benennen?

2. Wie werden männliche und weibliche Nashörner genannt?

3. Wie nennt man eine Gruppe von Nashörnern?

4. Welche Art des Breitmaulnashorns ist am stärksten bedroht?

5. Welches Nashorn ist größer, das Spitzmaulnashorn oder das Sumatra-Nashorn?

6. Welche Arten von Nashörnern haben zwei Hörner?

7. Woraus besteht das Horn eines Nashorns?

8. Nashörner haben ein gutes Sehvermögen. Richtig oder falsch?

9. Sind afrikanische oder asiatische Nashörner die besseren Schwimmer?

10. Wie viele Zehen haben Nashörner?

11. Wie schnell können Nashörner laufen?

12. Was fressen Weidetiere?

13. Was sind Middens?

14. Was bedeutet es, wenn ein Nashorn ein "mmwonk"-Geräusch macht?

15. Nashörner greifen oft Menschen an. Richtig oder falsch?

16. Wie viele Stunden am Tag schlafen Nashörner?

17. Wie lang ist die Tragezeit eines Nashorns?

18. Wie viele Kälber bringen Nashörner normalerweise zur Welt?

19. Wie viele Nashörner gibt es heute noch in freier Wildbahn?

20. Wann ist der Weltnashorntag?

Antworten

1. Indische, Javanische und Sumatra-Nashörner.
2. Männliche Tiere werden Bullen und weibliche Tiere Kühe genannt.
3. Eine Herde.
4. Das Nördliche Breitmaulnashorn.
5. Das Spitzmaulnashorn.
6. Spitzmaulnashörner, Breitmaulnashörner und Sumatra-Nashörner.
7. Keratin.
8. Falsch.
9. Asiatische.
10. Drei.
11. Bis zu 65 Kilometer pro Stunde.
12. Hauptsächlich Gras.
13. Misthaufen.
14. Das Nashorn ist glücklich.
15. Falsch.
16. Acht.
17. Zwischen 14 und 17 Monaten.
18. Eins.
19. Weniger als 30.000.
20. 22. September.

DAS ULTIMATIVE NASHORNBUCH

Nashorn WORTSUCHE

F	M	E	G	A	F	A	U	N	A	Ü	B
D	R	Ä	Q	J	T	D	K	A	L	B	L
S	W	E	Ü	V	C	X	E	Ä	Z	E	A
Z	A	N	A	S	H	O	R	N	U	D	T
C	D	Q	W	Ä	Z	Z	A	C	T	R	T
Ä	H	T	R	U	S	Ü	T	E	R	O	F
M	O	Ü	U	G	Q	W	I	J	S	H	R
R	I	E	T	E	E	W	N	V	Q	T	E
E	E	D	R	T	N	G	W	E	D	S	S
W	S	A	D	I	V	E	Ä	S	W	J	S
V	Ä	K	Ü	E	D	S	Q	F	Ü	Q	E
C	Z	H	O	R	N	M	J	Ä	D	F	R

Kannst du alle Wörter im Wortsuche Puzzle links finden?

NASHORN   MIDDEN   HORN

SÄUGETIER   KERATIN   MEGAFAUNA

BEDROHT   KALB   BLATTFRESSER

DAS ULTIMATIVE NASHORNBUCH

Nashorn KREUTZWORT RÄTSEL

Nutze die Hinweise, um das Kreuzworträtsel auf der rechten Seite auszufüllen.

Waagrecht

3. Was machen Nashörner im Schlamm
5. Fressgewohnheiten des Breitmaulnashorns
6. Ein anderer Name für das Spitzmaulnashorn
8. Kürzeres Wort für Rhinozeros

Senkrecht

1. Größte Nashornart
2. Das stark gefährdete Breitmaulnashorn
4. Kleinste Nashornart
7. Der Kontinent des Spitzmaulnashorns

DAS ULTIMATIVE NASHORNBUCH

Wortsuche Lösung

	M	E	G	A	F	A	U	N	A		B
						K	A	L	B		L
						E			E		A
		N	A	S	H	O	R	N		D	T
				Ä		A				R	T
				U		T				O	F
M				G		I				H	R
	I			E		N				T	E
		D		T							S
			D	I							S
				E							E
		H	O	R	N						R

Kreutzwort Rätsel Lösung

Quellen

Kenyan northern white rhino Najin retired from breeding scheme (2022). Available at: https://www.bbc.com/news/world-africa-59005006 (Accessed: 22 April 2022).

Facts, A. (2022) Rhino guide: how to identify, where to see and why they're endangered, Discover Wildlife. Available at: https://www.discoverwildlife.com/animal-facts/mammals/facts-about-rhinos/ (Accessed: 25 April 2022).

Sumatran Rhino (2022). Available at: https://www.worldwildlife.org/species/sumatran-rhino (Accessed: 25 April 2022).

Top 10 facts about rhinos (2022). Available at: https://www.wwf.org.uk/learn/fascinating-facts/rhinos (Accessed: 26 April 2022).

Meyer, A. (2022) Rhino Attacks On Humans, Rhinosinfo.com. Available at: https://www.rhinosinfo.com/rhino-attacks-on-humans.html (Accessed: 26 April 2022).

rhinoceros | Horn, Habitat, & Facts (2022). Available at: https://www.britannica.com/animal/rhinoceros-mammal (Accessed: 26 April 2022).

Facts About Rhinos (2018). Available at: https://www.livescience.com/27439-rhinos.html#:~:text=Rhinoceroses%20are%20large%2C%20herbivorous%20mammals,horns%2C%20while%20others%20have%20one. (Accessed: 26 April 2022).

Fun Facts About Rhinos | Save The Rhino (2022). Available at: https://www.savetherhino.org/rhino-info/rhino-kids/fun-facts/?cn-reloaded=1 (Accessed: 27 April 2022).

15 Things You Might Not Know About Rhinos (2018). Available at: https://www.mentalfloss.com/article/541375/things-you-might-not-know-about-rhinos (Accessed: 27 April 2022).

How Much Do Rhinos Sleep? (2019). Available at: https://rhinos.org/blog/how-much-do-rhinos-sleep/ (Accessed: 27 April 2022).

Rhino Facts – The Rhino Orphanage (2022). Available at: https://therhinoorphanage.co.za/about-the-rhino/rhino-facts/ (Accessed: 27 April 2022).

DAS ULTIMATIVE NASHORNBUCH

Wir hoffen du hast ein paar spannende Fakten über Nashörner gelernt!

Welcher war dein Favorit? Wir würden das gerne von dir in einer Bewertung erfahren.

Besuche uns auf
www.bellanovabooks.com
für noch mehr großartige Bücher.

Auch von Jenny Kellett

...und mehr!

DAS ULTIMATIVE NASHORNBUCH

www.ingramcontent.com/pod-product-compliance
Lightning Source LLC
LaVergne TN
LVHW050141080526
838202LV00062B/6549